Im Zentrum von Dessau

1 | Marienkirche

St. Marien wurde im Jahr 1263 erstmals urkundlich erwähnt, rund einhundert Jahre später zierte das romanische Bauwerk das Siegel der Stadt. Ab 1506 errichtete der Baumeister Ulrich von Schmiedeberg eine neue dreischiffige Hallenkirche im Stil der norddeutschen Backsteingotik, die 1523 geweiht wurde. Der zuerst 1372 erwähnte Kirchhof rund um die Kirche wurde bis ins 17. Jahrhundert genutzt. 1738 ließ Leopold I. in dem auch als Schlosskirche genutzten Gotteshaus eine Gruft für die Fürsten von Anhalt-Dessau anlegen, in der er 1747 selbst in einem prunkvollen Sarg bestattet wurde. Neben dem hoch aufragendem Satteldach gilt die Bauweise des Westturms als typisch für die Region. Auf dem massigen, quadratischen Unterbau ist ein Oktogon aufgesetzt, das mit welscher Haube und Laterne bekrönt ist. Die Fassade zum Schlossplatz, dem früheren Großen Markt von Dessau, war einst von zweigeschossigen, sogenannten Buden verdeckt, deren Untergeschosse geöffnete Arkadengänge besaßen.

Leopold I.
1676–1747, Fürst von Anhalt-Dessau. Zunächst unter Vormundschaft, übernahm Leopold ab 1698 vollständig die Regierung des kleinen, noch an den Folgen des Dreißigjährigen Krieges leidenden Landes. In seiner fast 50-jährigen Amtszeit reformierte Leopold Landwirtschaft und Infrastruktur des Fürstentums. Neben militärischen Erfolgen als preußischer Generalfeldmarschall sowie Feldmarschall des Reiches machte sich Leopold außerdem um die Ausbildung des preußischen Heeres verdient. Literarische Denkmäler setzten dem »Alten Dessauer« u. a. Theodor Fontane und Karl May.

Am 7. März 1945 wurde die Marienkirche bis auf die Umfassungsmauern zerstört, das Kircheninnere einschließlich Gruft, Gewölben, Kanzel, Taufstein, Emporen und Bildwerken vernichtet. Drei gerettete Gemälde der Cranach-Familie sind heute in der Johanniskirche (siehe S. 17) zu bewundern. Nur notdürftig gesichert, prägte die verbliebene Ruine lange Zeit das Stadtbild, bis 1990 der Wiederaufbau begann. Statt eines hohen Gewölbes überspannt nun eine Holzbalkendecke das Kirchenschiff, und die einst verputzten und bemalten Wände sind als Ziegel- und Feldsteinmauerwerk belassen. Seit ihrer feierlichen Wiedereröffnung im Dezember 1998 wird die Marienkirche für kulturelle Veranstaltungen genutzt, z.B. werden in ihr Produktionen und Gastspiele des alljährlichen Kurt Weill Festes oder Inszenierungen des Anhaltischen Theaters aufgeführt. Durch ihre Umnutzung als kultureller Veranstaltungsort trägt die Marienkirche heute wesentlich zur Attraktivität der »alten neuen Mitte« von Dessau bei.

2 | Denkmal Leopold I. von Anhalt-Dessau

Mitten auf dem Schlossplatz thront auf einem Granitsockel ein Ehrenmal für **Leopold I.**, einen der bedeutendsten Dessauer Landesväter. Besser bekannt als der »Alte Dessauer«, nahm er als preußischer General am Spanischen Erbfolgekrieg (1701–1714), am Großen Nordischen Krieg (1700–1721) sowie am Zweiten Schlesischen Krieg (1744/45) teil. An seine dabei errungenen militärischen Erfolge erinnert ein Detail der Kleidung des in Feldherrenpose dargestellten Fürsten: 1703 wurde Leopold I. von König Friedrich I. in den höchsten preußischen Orden, den »Schwarzen Adlerorden«, aufgenommen.

Das Original des Denkmals wurde 1800 von Johann Gottfried Schadow in Marmor gefertigt und auf dem Berliner Wilhelmsplatz aufgestellt. Witterungsbedingt fertigte August Kiß davon eine Bronzekopie, deren Zweitguss hier auf dem Dessauer Schlossplatz zu bewundern ist. Nach zwischenzeitlichen Einlagerungen und Restaurierungen steht der »Alte Dessauer« heute wieder sowohl in Dessau als auch in Berlin, während die Marmorfigur im dortigen Bodemuseum ausgestellt ist.

3 | Johannbau

Museum für Stadtgeschichte
Feb.–Nov.: Mi–So 10–17 Uhr

Am südlichen Ausgang des Schlossplatzes, zwischen den Neubauten hindurch Richtung Mulde, erreicht man nach wenigen Schritten den Johannbau als einziges bauliches Überbleibsel des Schlosses von Dessau. Seit 1341 als Fürstensitz nachweisbar, ließ Fürst Johann IV. (1504–1551) an dieser Stelle ein repräsentatives Residenzschloss erbauen. Während die Baumeister Bastian und Ludwig Binder um 1530 den West- und Nordflügel im Stil der Frührenaissance schufen, wurden Ost- und Südtrakt ab 1577 errichtet. Im 18. Jahrhundert erfuhr die Anlage eine durchgreifende Umgestaltung, bei der der Nordflügel abgebrochen und zwei weitere durch den Architekten Georg Wenzeslaus von Knobelsdorff dem barocken Zeitgeschmack angepasst wurden. Das dreiflügelige Schloss brannte im Zweiten Weltkrieg aus. 1948 wurde ein Flügel abgetragen, zehn Jahre später sprengte man einen weiteren. Nur der heute freistehende, bis 1996 wieder aufgebaute Westflügel des Schlosses blieb erhalten, nach seinem fürstlichen Bauherrn als Johannbau bezeichnet.

Seitenportal

Anhalt
Heinrich, Enkel des Markgrafen Albrecht der Bär, nannte sich erstmals 1212 »Graf zu Anhalt«, in Anlehnung an die askanische Stammburg Anhalt im Harz. Im Laufe der Geschichte führten mehrere Erbteilungen zu Kleinstaaten, neben Dessau u. a. Anhalt-Zerbst, Anhalt-Köthen und Anhalt-Bernburg. 1863 entstand ein vereinigtes Herzogtum mit Dessau als Hauptstadt, das 1918 Freistaat wurde. Seit 1990 lebt der historische Name im Bundesland Sachsen-Anhalt fort.

An der einstigen Hofseite des zweigeschossigen, im Inneren völlig zerstörten Bauwerks beeindruckt besonders der architekturgeschichtlich bedeutende fünfseitige Treppenturm. Den Saalbau erschließend, stellte seine Konstruktion zur Erbauungszeit eine Neuheit dar, die wenig später am berühmten Wendelstein des Torgauer Schlosses imitiert wurde. Von den ursprünglich zwei zum Altan führenden Freitreppen ist nur eine erhalten. Die markanten rundbogigen Zwerchhäuser des Daches sind als »welsche Giebel« charakteristisch für die frühe Renaissance.

Seit 2005 beherbergt der Johannbau das Museum für Stadtgeschichte Dessau mit der Dauerausstellung »Schauplatz vernünftiger Menschen – Kultur und Geschichte in Anhalt/Dessau«. Darin erfährt der Besucher Wissenswertes über die Stadt, Themen sind u. a. Persönlichkeiten wie der »Alte Dessauer«, die Entwicklung von der Residenz- zur Industriestadt sowie das Bauhaus in Dessau. Präsentiert wird auch ein Modell der einstigen Altstadt vor dem verheerenden Luftangriff am 7. März 1945, als über 80 Prozent des Dessauer Zentrums zerstört wurden. Außerdem widmet sich ein Sonderbereich dem musealen Verbundprojekt »Gemeinsam sind wir **Anhalt**«, in dem weitere Museen (u. a. in Zerbst, Bernburg und Köthen) des einst zwar kleinen, aber wirtschaftlich und kulturell fortschrittlichen Fürstentums gezeigt werden.

Beim Verlassen des Schlossareals zurück Richtung Schlossplatz erblickt man rechter Hand Relikte eines Tores, das vom Schlosspark in den Lustgarten führte. Im 18. Jahrhundert in Form einer antiken Rennbahn angelegt, befanden sich darin u. a. zwei klassizistische Pavillons und die Orangerie.

4 | Rathaus

Tourist-Information, Ratsgasse 11
Apr.–Dez.: Mo–Fr 10–18 Uhr, Sa 10–16 Uhr;
Jan.–März: Mo–Fr 10–17 Uhr, Sa 10–13 Uhr

Am Kirchturm von St. Marien vorbei gelangt man nach wenigen Metern zum Rathaus, vor dessen Seitenfront sich die Dessauer Friedens- und Freiheitsglocke befindet. Wie in Leipzig und anderen Städten der DDR fanden auch in Dessau im Herbst 1989 Friedensgebete mit anschließenden Demonstrationen statt. Gleichzeitig bildete sich eine Initiative, um gegen die Staatssicherheit und die Herrschaft der SED zu protestieren. Ihr Verdienst lag u. a. darin, 1990 die in der Dessauer Magnetbandfabrik lagernden Waffen der »Kampfgruppen der Arbeiterklasse« vernichten zu lassen. Im Jahr 2000 wurde aus diesem eingeschmolzenen, mehr als vier Tonnen schweren Klotz die Friedensglocke gegossen, die am geschichtsträchtigen 9. November 2002 am jetzigen Standort aufgestellt wurde. Die Glocke zieren Inschriften wie »Keine Gewalt« und »Ich läute für Frieden und Freiheit + Ohne Freiheit kein Frieden + Ohne Frieden keine Freiheit«.

Für Dessau, das im Jahr 1213 erstmals als »Dissowe« urkundlich erwähnt wurde, sind seit dem frühen 14. Jahrhundert Stadtsiegel und »Ratmannen« nachweisbar. Ihre Versammlungen fanden ursprünglich im Kaufhaus der Tuchhändler statt, das einem Brand zum Opfer fiel, ebenso sein Nachfolgebau. An gleicher Stelle errichtete man in den 1560er Jahren ein neues Renaissance-Gebäude. Erst als dieses für die aufstrebende Industriestadt zu klein geworden war, entstand 1899–1901 ein neues Rathaus. Im Stil der Neorenaissance ausgeführt, wand-

Jahrhunderthochwasser
Durch extrem starke Regenfälle kam es im Sommer 2002 zu einem Jahrhunderthochwasser der Elbe, rings um Dessau verstärkt durch den Zufluss der Mulde. Am 13. August rief Dessaus Bürgermeister Katastrophenalarm aus, mehrere Stadtteile in der Nähe bedrohter Hochwasserschutzanlagen wurden evakuiert. Wenige Tage später brach ein Wall im Osten von Waldersee mit dem Gartenreich-Schloss Luisium, der Ort wurde mehr als zwei Meter hoch überflutet. Nach Ablaufen der Wassermengen – der Katastrophenalarm galt bis Mitte September – bot sich überall ein Bild der Zerstörung.

te sich die Hauptfassade nun dem Markt zu. Außerdem gestalteten die Architekten Heinrich Reinhardt und Georg Süßenguth ein wuchtiges Hauptportal, einen reich verzierten Eckerker sowie einen über 70 Meter aufragenden Turm, der von einer geschweiften Haube, vier Ecktürmchen und einem Umgang bekrönt wird. Wenige Jahre nach der Fertigstellung wütete in dem Neubau ein Brand, dem u. a. große Teile der Ratsbibliothek und des Stadtarchivs zum Opfer fielen. Das 1912 wieder aufgebaute, später kriegszerstörte Rathaus wurde bis 1952 in vereinfachter Form erneut errichtet. Seit der Kreisreform 2007, bei der die Doppelstadt Dessau-Roßlau entstand, ist das Rathaus Sitz der gemeinsamen Stadtverwaltung.

Vor dem Rathaus verläuft die platzartige Zerbster Straße, seit Jahrhunderten Bestandteil des bedeutenden Handelsweges der nord-südlich verlaufenden Alten Salzstraße. Das Pfeifferhaus (Zerbster Straße 5) zählt zu den wenigen erhaltenen Zeugnissen der Dessauer Bürgerhauskultur der Renaissance. 1595 errichtet, besaß das dreigeschossige Wohn- und Handelshaus ein steiles Satteldach, das als Speicherboden diente. Aus dem Jahr 1691 stammt das sehenswerte barocke Portal.

Oben: Pfeifferhaus
Links: Rathaus und Friedensglocke

5 | Palais Waldersee

Anhaltische Landesbücherei

Mo, Di, Do, Fr 10–18 Uhr, Sa 10–13 Uhr

Auf der gegenüberliegenden Seite des Platzes befindet sich das Palais Waldersee (Zerbster Straße 10). Es trägt den Namen von Franz Johann Georg Graf von Waldersee (1763–1824), der als illegitimer Sohn des anhaltinischen Fürsten Leopold III. Friedrich Franz nach dem Dessauer Vorort Waldersee benannt wurde. Trotz seiner außerehelichen Herkunft wurde der Graf standesgemäß am Dessauer Hof erzogen und bekleidete zahlreiche Ämter. Zwischen 1796 und 1806 war Waldersee Präsident der **Chalkographischen Gesellschaft zu Dessau.**

1795 erhielt Franz von Waldersee von seinem Vater das heute nach ihm benannte Palais als Residenz. Entworfen wurde das klassizistische Gebäude von dem berühmten Architekten **Friedrich Wilhelm von Erdmannsdorff**. Als

Chalkographische Gesellschaft zu Dessau

1795 begründete Friedrich Moritz Freiherr von Brabeck eine Kupferstecher-Gesellschaft, die bedeutende Kunstwerke grafisch vervielfältigte, um sie einer breiteren Öffentlichkeit zugänglich zu machen. Im Folgejahr kaufte Fürst Franz das Unternehmen auf und wandelte es in die »Chalkographische Gesellschaft« um. Neben dem Kunstverlag, für den zahlreiche namhafte Künstler tätig waren, bildete die Gesellschaft auch Kupferstecher aus. Allerdings führten in den herrschenden kriegerischen Zeiten hohe Künstlerhonorare zu Absatzschwierigkeiten, sodass die Gesellschaft 1806 aufgelöst wurde.

Palais Waldersee

Friedrich Wilhelm von Erdmannsdorff
1736–1800, Architekt. Nach der Ausbildung an der Ritterakademie seiner Geburtsstadt Dresden studierte Erdmannsdorff an der Universität Wittenberg. Dort lernte er Fürst Franz von Anhalt-Dessau kennen, mit dem ihn eine lebenslange Freundschaft verband. Auf mehreren Reisen, u. a. nach Italien und England, sammelte Erdmannsdorff wichtige Eindrücke und lernte bedeutende Gelehrte und Künstler wie Johann Joachim Winckelmann und Jakob Philipp Hackert kennen. In den 1780er Jahren war Erdmannsdorff in Berlin und Potsdam tätig.

enger Freund des Landesherrn Franz begeisterte sich der Autodidakt für die Ideen der Aufklärung. Er gilt als bedeutender Vertreter des deutschen Frühklassizismus, der entscheidend das Stadtbild der Dessauer Residenz und das umliegende Gartenreich prägte. Mit dem dreistöckigen Palais Waldersee entwarf Erdmannsdorff ein klassizistisches Gebäude von elf Achsen, dessen Mittelbau durch einen Risalit hervorgehoben ist.

Bis 1962 wurde das kriegszerstörte Bauwerk restauriert, um fortan die Stadtbibliothek zu beherbergen. Diese ist Teil der Anhaltischen Landesbücherei, deren Wissenschaftliche Bibliothek sich im nahe gelegenen Palais Dietrich befindet. Im Eingangsbereich der Bücherei erinnern eine Bronzebüste und eine Gedenktafel an den Dichter Wilhelm Müller (siehe S. 20).

6 | Palais Dietrich

Nach rund dreihundert Metern erreicht man linker Hand das Palais Dietrich (Zerbster Straße 35). Benannt nach Prinz Dietrich (1702–1769), einem Sohn des »Alten Dessauers«, wurde das zweigeschossige Gebäude mit Mansarddach Mitte des 18. Jahrhunderts erbaut. Die Freitreppe datiert aus dem frühen 20. Jahrhundert. Neben dem Palais blieb eine Gartenmauer mit Tordurchfahrt erhalten, über deren Attika vier Sandsteinfiguren thronen.

In den Jahren 1777 bis 1793 war das Palais Sitz des von **Johann Bernhard Basedow** gegründeten »Philanthropins«. Der Reformer wurde 1771 nach Dessau berufen, um mit Unterstützung des aufgeklärten Fürsten Franz seine pädagogischen Ideen zu verwirklichen. Die 1774 eröffnete »Pflanzschule der Menschheit« sollte zur Erziehung von Kindern im Sinne der Aufklärung dienen. Entgegen herkömmlichen Lehrmethoden stand eine natürliche und kindgemäße Erziehung im Vordergrund. Der Unterricht wurde durch zahlreiche Modelle und praktische Selbstbetätigung anschaulicher gestaltet, und neben die geistig-moralische Erziehung trat ausgleichend die physische Ertüchtigung durch Schulsport. Nach dem baldigen Rücktritt Basedows 1776 bestand das Philanthropin bis 1793 fort, als andauernde Kontroversen innerhalb der Lehrerschaft sowie organisatorische Probleme das endgültige Aus der Institution besiegelten. Obwohl das Erziehungsinstitut kaum zwanzig Jahre bestand, besaß es eine europaweite Ausstrahlung. Für das Dessauer Reformwerk mit namhaften Mitarbeitern wie Joachim Heinrich Campe oder Ernst Christian Trapp, dem ersten

Johann Bernhard Basedow
1724–1790, Theologe und Pädagoge. Nach Studium und verschiedenen Lehrtätigkeiten ging Basedow 1771 in die der Aufklärung zugewandte Stadt Dessau. Zeitgleich mit der Gründung des Philanthropins gab Basedow sein pädagogisches »Elementarwerk« heraus, in dem er grundsätzliche Fragen der Erziehung und Sittenlehre behandelte, versehen mit Kupferstichen von Daniel Chodowiecki. Basedow gehört zu den wichtigsten Reformpädagogen der Aufklärung, die die Nützlichkeit des Individuums für die Gesellschaft in den Vordergrund stellten.

Palais Dietrich

deutschen Pädagogik-Professor, warb u.a. der Philosoph Immanuel Kant, der seine Schüler zum Hospitieren sandte. Außerdem stand es Pate für die Gründung zahlreicher Tochterinstitute, darunter im thüringischen Schnepfenthal, in dem die »Turnväter« Christian Gotthilf Salzmann und Johann Christoph Friedrich GutsMuths den Sportunterricht reformierten.

Heute beherbergt das Palais Dietrich die Wissenschaftliche Bibliothek der Anhaltischen Landesbücherei mit bedeutenden historischen Sammlungen und Nachlässen. Auf der gegenüberliegenden Straßenseite befindet sich das im Zweiten Weltkrieg schwer zerstörte klassizistische Palais Branconi nach einem Entwurf von Erdmannsdorff. Anfang des 20. Jahrhunderts war der »Kristallpalast« eine beliebte Adresse für Theater, Konzerte und Varietés. Im Zweiten Weltkrieg schwer zerstört, setzte sich 2009–2013 ein Förderverein für die Revitalisierung des Gebäudes als Kultur- und Kongresszentrum ein – allerdings vergeblich.

Im Jahre 1781 wurde in Dessau auf Initiative von Karl Christoph Reiche die **»Allgemeine Buchhandlung der Gelehrten«** gegründet. In Zeiten ohne Urheberrecht konnten freie Schriftsteller kaum von ihrer Arbeit leben, da »der grösseste Gelehrte nur ein Knecht, der Buchhändler aber der Herr desselben« sei. Daher organisierte diese bahnbrechende Institution den Selbstverlag und vertrat die Interessen ihrer Autoren – darunter namhafte wie Goethe, Herder, Wieland und Lichtenberg – gegenüber dem Buchhandel. Doch bereits 1788 wurde die deutschlandweit beachtete Unternehmung wegen Erfolglosigkeit wieder aufgelöst.

7 | Katholische Kirche

Am Ausgang der Zerbster Straße steht die katholische Hauptkirche von Dessau. St. Peter und Paul wurde ab 1854 nach Plänen des Kölner Dombaumeisters Vinzenz Statz als neogotische Backsteinkirche erbaut und Anfang des 20. Jahrhunderts erweitert. Der Innenraum der dreischiffigen Hallenkirche erfuhr 1967/68 eine moderne Umgestaltung.

Den Wirren der vom nahe gelegenen Wittenberg ausgehenden Reformation stand das anhaltinische Fürstentum anfangs ablehnend gegenüber. Unter der Regie der katholischen Fürstinwitwe Regentin Margarethe von Münsterberg schloss sich 1525 sogar der Dessauer Bund zusammen, um in seinem Territorium Bauernkriegsaufstände – wie kurz zuvor die Schlacht bei Frankenhausen – zu unterbinden. Während die benachbarten Fürstentümer Anhalt-Köthen und Anhalt-Bernburg bereits unmittelbar nach Kursachsen die Lehre Luthers einführten, trat Anhalt-Dessau erst 1534 unter Margarethes Sohn Georg III. zum evangelischen Glauben über. Berichte über katholisches Leben in Dessau verlieren

Innenraum der katholischen Kirche

sich seitdem im Dunkel der Geschichte – bis 1719 ein ständiger Seelsorger der Peter- und Paul-Gemeinde, hervorgegangen aus der Franziskanermission, Erwähnung findet. Nach dem Zweiten Weltkrieg sorgten zahlreiche Heimatvertriebene aus Schlesien und dem Sudetenland für einen Anstieg der Gemeindegröße.

8 | Ferdinand-von-Schill-Straße

Gegenüber der Kirche begibt man sich in die Ferdinand-von-Schill-Straße. Sie ist benannt nach dem preußischen Offizier Schill, der nach der Niederlage Preußens in der Schlacht von Jena und Auerstedt ein Freikorps zusammenstellte, mit dem er eigenmächtig gegen die napoleonische Besatzung zu kämpfen beabsichtigte. Dabei kam er am 2. Mai 1809 nach Dessau, wo er seinen Aufruf »An die Deutschen« drucken ließ.

Rechter Hand befindet sich das 1843 errichtete Gebäude der Freimaurerloge »Zu den Drei Säulen« (Nr. 7). 1912 gegründet, erwarb sie das Logenhaus sieben Jahre später. Nach dem Verbot aller freimaurerischen Aktivitäten durch das Naziregime diente das Haus der Hitlerjugend, nach 1945 verschiedenen Verwaltungsstellen und der

Leopoldskaserne

städtischen Puppenspielbühne. Die 1994 neu gegründete Loge feierte 1998 die Wiedereröffnung ihres einstigen Logenhauses.

Nach wenigen Metern erhebt sich an der Einmündung von Hans-Heinen- und Johannisstraße die ehemalige Leopoldskaserne. Von dem spätklassizistischen Bau aus der Mitte des 19. Jahrhunderts blieben nach dem Zweiten Weltkrieg nur Gebäudeteile als Überbleibsel der einst weitläufigen Anlage erhalten. Die neu errichtete Seniorenresidenz bindet ein Portal des Vorgängerbaus geschickt ein.

9 | Schwabehaus

Führungen unter Tel. 0340 8 59 88 23

Auf der anderen Straßenseite befindet sich eines der letzten Dessauer Wohngebäude aus der ersten Hälfte des 19. Jahrhunderts. 1829 erwarb der Astronom **Samuel Heinrich Schwabe** das Fachwerkhaus in der ehemaligen Dessauer Neustadt und richtete darin ein Observatorium für astronomische Forschungen ein. Nach ihm ist der Schwabe-Zyklus benannt, der die Periodizität der

Samuel Heinrich Schwabe
1789–1875, Astronom und Botaniker. Als Sohn des fürstlichen Leibarztes studierte Schwabe ab 1809 in Berlin Pharmazie und Botanik. 1811 übernahm er in Dessau die Apotheke des Großvaters, die er 1829 verkaufte. Im gleichen Jahr erwarb er das heute nach ihm benannte Schwabehaus. Neben umfangreichen astronomischen Studien veröffentlichte Schwabe das Herbarium »Flora Anhaltina« (1838) und als städtischer Abgeordneter »Politische Begebenheiten meines Lebens«, ein interessantes Zeitzeugnis der Revolution von 1848.

Sonnenflecken beschreibt. Schwabe stand im regen Austausch mit zahlreichen Gelehrten, so besuchte u. a. Alexander von Humboldt das Observatorium.

1996 geriet das Schwabehaus in den Fokus der Öffentlichkeit, als dem historischen Gebäude, dessen Eigentümern »organisierter Verfall« vorgeworfen wurde, der Abbruch drohte. Daraufhin initiierten engagierte Bürger die »Aktion Sonnenflecken«, um in einer »Gnadenfrist« von sechs Wochen eine Erhaltungsstrategie zu erarbeiten. Dem eigens für diesen Zweck gegründeten »Schwabehaus e.V.« gelang es schließlich, das Bauwerk zu kaufen, denkmalgerecht zu sanieren und bis heute zu betreiben. Im Vereinshaus befindet sich neben der Gaststätte »Essbar« eine kleine Ausstellung über die Geschichte des Hauses und seinen berühmtesten Bewohner. Besonders beliebt ist das »Sommerhofkino« im idyllischen Innenhof. Als weiteres bürgerschaftliches Projekt kaufte der »Schwabehaus e. V.« 2007 die benachbarte, seit mehr als zwanzig Jahren nicht mehr bewohnte bzw. genutzte »Alte Bäckerei«. Das Anfang des 19. Jahrhunderts errichtete Gebäude zählt ebenfalls zu den wenigen erhaltenen Dessauer Fachwerkbauten. Im Friseursalon »La rubia« kann der historische Dampfbackofen besichtigt werden.

Schwabehaus

10 | Anhaltisches Theater

Programm und Tickets unter Tel. 0340 251 13 33 oder www.anhaltisches-theater.de

Über die Ferdinand-von-Schill-Straße erreicht man den Friedensplatz, an dem sich das Anhaltische Theater befindet. Seit 1794 fand in Dessau ein regelmäßiger Theater-Spielbetrieb statt, vier Jahre später begann Erdmannsdorff mit dem Bau eines Theaters in der Kavalierstraße. 1855 und 1922 bei Bränden vernichtet, wurde bis 1938 ein Neubau als eine der modernsten und größten Bühnen der Zeit am heutigen Standort errichtet. Die zum Platz zeigende Eingangsseite wird von der wuchtigen Pfeilerfront dominiert, vor der sich die Auffahrten und eine breite Freitreppe befinden. Nach Zerstörungen des Zweiten Weltkrieges wieder aufgebaut, wurde das Haus 1949 mit Mozarts »Zauberflöte« eröffnet. Seit 1994 als »Anhaltisches Theater Dessau« firmierend, zählt das Haus mit seinen fünf Sparten Musiktheater, Konzert, Schauspiel, Ballett und Puppentheater zu den »besten Theatern außerhalb der Theaterzentren«. Als eines der größten Bühnenhäuser Europas ist es Heimstatt der traditionsreichen Anhaltischen Philharmonie.

Kurt Weill
1900–1950, Komponist. Als Sohn eines jüdischen Kantors in Dessau geboren und aufgewachsen, nahm Weill 1918 ein Studium der Musik in Berlin auf. Seit 1927 arbeitete er mit Bertolt Brecht zusammen, mit dem er u. a. die »Dreigroschenoper« schuf. 1933 emigrierte Weill nach Paris und zwei Jahre später in die USA, wo er 1950 – als amerikanischer Staatsbürger – früh verstarb. Zu Weills Werken zählen neben Opern und Orchesterwerken u. a. mehrere Liederzyklen sowie erfolgreich am Broadway aufgeführte Musicals.

11 | Johanniskirche

Ostern–Okt. 11–12/15–17 Uhr

Über die Hausmannstraße gelangt man zurück in die Johannisstraße, in der sich die namensgebende Kirche befindet. Nachdem die lutherischen Christen im ausgehenden 17. Jahrhundert die fürstliche Erlaubnis zum Bau eines eigenen Gotteshauses erhalten hatten, wurde die Neustädter Kirche St. Johannis errichtet und 1702 geweiht. Die verputzte Fassade des Backsteinbaus ist schlicht gehalten und durch Pilaster gegliedert. Im Inneren verfügt die Saalkirche über einen flachgedeckten, hohen Mittelraum, an den sich ein niedrigerer Chor sowie zwei Kreuzarme mit Emporen anschließen.

Im Zweiten Weltkrieg bis auf die Umfassungsmauern zerstört und bis 1955 rekonstruiert, blieb außer dem Taufstein (1695) nichts von der Originalausstattung erhalten. Seit 1992 birgt die Johanniskirche drei im Krieg aus der Marienkirche ausgelagerte Cranach-Werke: das Kreuzigungsgemälde von Lucas Cranach d. Ä. (1523) sowie die Gemälde »Christus am Ölberg« (1561) und »Dessauer Abendmahl« (1565) von Lucas Cranach d. J. Auf letzterem sind rings um die Tafel anstelle der Apostel Luther, Melanchthon und weitere Reformatoren sowie Mitglieder des Fürstenhauses Anhalt personifiziert. Der 1561 verstorbene Fürst Joachim kniet links im Vordergrund, während der rechts dargestellte Mundschenk als Selbstbildnis Lucas Cranach d. J. gedeutet wird. Das Bild »Keine Gewalt« des einheimischen Künstlers Fridolin M. Kraska auf der Westempore erinnert an die Ereignisse der Friedlichen Revolution 1989/90, als in der Kirche Gebete und Diskussionsveranstaltungen stattfanden.

12 | Denkmal Leopold III. Friedrich Franz von Anhalt-Dessau

Am einstigen Neumarkt der Stadt befindet sich ein Denkmal zu Ehren des Fürsten **Leopold III. Friedrich Franz**, dessen Reformdenken Dessau und die Wörlitzer Anlagen entscheidend prägte. Die von dem Bildhauer August Kiß entworfene Statue wurde 1858 anlässlich

Leopold III. Friedrich Franz
1740–1817, Fürst und Herzog von Anhalt-Dessau. Als Enkel des »Alten Dessauers« diente Franz früh in der preußischen Armee, aus der er jedoch 1757 austrat. Von 1758 bis zu seinem Tod 1817 regierte der »Friedensfürst« Anhalt-Dessau, ab 1807 als Herzog. Nach mehrjähriger Kavalierstour durch Europa, u. a. mit seinem Freund Erdmannsdorff, reformierte Franz sein Fürstentum Anhalt-Dessau im Geiste der Aufklärung zu einem der modernsten deutschen Kleinstaaten.

der 100. Wiederkehr des Regierungsantrittes von »Fürst Franz« aufgestellt. Im Zweiten Weltkrieg entging sie dem Schicksal vieler anderer Denkmäler, die eingeschmolzen oder zerstört wurden. Ab 1963 war die Bronzestatue in den Wörlitzer Anlagen zu sehen. Seit 1998 thront das Denkmal wieder an seinem ursprünglichen Ort.

Die auf den ehemaligen Neumarkt treffende Kavalierstraße entstand im Zuge der Anlegung der Dessauer Neustadt im 17. Jahrhundert. Wie ihr Name andeutet, war sie einst von fürstlichen Prachtbauten des barocken Dessaus gesäumt. In der angrenzenden, hier am Denkmal abzweigenden Johannisstraße befanden sich kleinere Palais und Bürgerhäuser, für die der fürstliche Bauhof ein zweistöckiges Fassadenschema vorschrieb. Das Palais Minckwitz (Nr. 10) ließ Fürst Leopold I., der »Alte Dessauer«, kurz vor seinem Tod errichten, um darin eine schnell noch verheiratete Mätresse unterzubringen. Von 1820 bis zu seinem Tode 1840 lebte hier der Hofbildhauer Friedemann Hunold, ein Schüler des bedeutenden Bildhauers Johann Gottfried Schadow, der die Hintergebäude als Werkstatt nutzte. Das um 1800 fertiggestellte Palais Bose (Nr. 13) war die Wohnresidenz des Grafen von Bose, eines Kammerherrn von Fürst Franz.

Palais Bose

13 | Bauhaus Museum Dessau

Besichtigung 10–17 Uhr
Führungen Mo–Fr 10/13 Uhr, Sa/So auch 12/16 Uhr

An der Ecke von Kavalier- und Friedrichstraße erhebt sich das platzbestimmende Postgebäude, das 1899 bis 1901 in neogotischer Formensprache errichtet wurde. Auf der anderen Straßenseite erblickt man in der Nordostecke des Stadtparkes das Bauhaus Museum Dessau, das im September 2019 anlässlich des 100. Jubiläums des Bauhauses eröffnet wurde. Nachdem aus über 800 eingereichten Vorschlägen der Entwurf des spanischen Architekturbüros addenda architects (González Hinz Zabala) ausgewählt wurde, fand im Dezember 2016 die Grundsteinlegung statt. Durch den Neubau ist es nun erstmals möglich, die Sammlung der Stiftung Bauhaus Dessau, nach Berlin die zweitgrößte der Welt, die bisher nur eingeschränkt im Bauhausgebäude ausgestellt wurde, unter dem Titel »Versuchsstätte Bauhaus. Die Sammlung« umfassend der Öffentlichkeit zu präsentieren. Zu den etwa 49 000 katalogisierten Objekten zählen u.a. Skizzen, Fotografien, Bücher, Möbel, Textilien, bildende Werke und Bühnenbilder. Auf rund 1500 Quadratmetern Fläche wird die Ausstellung im Obergeschoss in einer »Black Box«, einem Riegel, der in der Glashülle zu schweben scheint, gezeigt. Das transparente Erdgeschoss hingegen bietet als »Offene Bühne« Platz für zeitgenössische künstlerische Positionen und Veranstaltungen. Durch interaktive Installationen, Tanz, Theater und Performance-Projekte, Vorträge, Filmvorführungen und Gespräche soll der Besucher dazu eingeladen werden, sich aktiv mit der Geschichte und den Ideen der avantgardistischen Werkstattschule auseinanderzusetzen.

14 | Stadtpark

Südlich des neuen Museums befindet sich im Stadtpark die moderne Brunnenanlage »Stadtgespräch« von der einheimischen Künstlerin Christine Rammelt-Hadelich. Aus dem 18. Jahrhundert haben sich ein Teil der Akzisemauer sowie das Teehäuschen, ein ehemals klassizistisches Orangeriegebäude, erhalten. Außerdem erinnern Denkmäler an den Philosophen Moses Mendelssohn (siehe S. 37) sowie **Wilhelm Müller.** Den Stadtpark durchquerend, erreicht man die Willy-Lohmann-Straße, der man bis zur Einmündung der Askanischen Straße folgt.

Wilhelm Müller
1794–1827, Dichter. Nach einem Philologie-Studium in Berlin, freiwilligem Militärdienst in den anti-napoleonischen Befreiungskriegen und einer Bildungsreise durch Italien war Müller in seiner Heimatstadt Dessau als Gymnasiallehrer und Bibliothekar der 1820 eröffneten Herzoglichen Bibliothek tätig. Bekannt wurde er durch die Vertonung seiner Gedichtzyklen »Winterreise« und »Die schöne Müllerin« durch den Komponisten Franz Schubert. Zu seinen Werken zählen u. a. die bis heute bekannten Volkslieder »Das Wandern ist des Müllers Lust« und »Am Brunnen vor dem Tore«.

15 | Historisches Arbeitsamt

Mo–Fr 8–12 Uhr, Mo 13.30–15 Uhr, Di 13.30–17.30 Uhr, Do 13.30–15.30 Uhr

Am August-Bebel-Platz begegnet man mit dem Historischen Arbeitsamt erstmals auf diesem Stadtrundgang einem bedeutenden Zeugnis der Bauhaus-Architektur, für die Dessau international bekannt ist. Bei der Ausschreibung für das Gebäude setzte sich 1927 **Walter Gropius**, Begründer des Bauhauses, gegen die nicht minder bedeutenden Architekten Hugo Häring und Max Taut durch. Der im Mai 1929 fertiggestellte, mit gelben Ziegeln verkleidete Stahlskelettbau genügte modernsten funktionalen Ansprüchen. Während ein langgestreckter zweigeschossiger Trakt die Verwaltung beherbergte, wurde in dem vorgelagerten, halbkreisförmigen Flachbau der Publikumsverkehr abgewickelt. Separate Eingänge – getrennt nach Geschlecht und Berufsgruppen – dienten zur Bewältigung des Besucherandrangs. In den lichtdurchfluteten Räumlichkeiten, gewährleistet durch das gläserne Sheddach und halbverglaste Innenwände, wurden Berufsberatung, Arbeitsvermittlung sowie die Barauszahlung von Unterstützungsleistungen durchgeführt.

Walter Gropius
1883–1969, Architekt. Geboren in Berlin, begann Gropius 1903 ein Architekturstudium in München, das er in Berlin fortsetzte, 1908 aber abbrach. 1910 machte er sich als Architekt und Industriedesigner selbständig. 1919 begründete Gropius das »Staatliche Bauhaus in Weimar«, dessen Direktor er, später in Dessau, bis 1928 blieb. 1934 emigrierte er über England in die USA, an der Harvard University wurde er Professor für Architektur. Mit seinen Bauten – die bekanntesten stehen in Dessau, Berlin und Alfeld (Fagus-Werk) – zählt Gropius zu den Begründern der modernen Architektur.

MUSEUM

Die Fenstereinbauten der Außenfassade wurden erst in den 1930er Jahren hinzugefügt. Das Bauwerk beherbergt heute das Amt für öffentliche Sicherheit und Ordnung.

Hinter dem Neubaublock liegt an der Chaponstraße der historische Friedhof, entstanden ab 1787. Die klassizistische, streng symmetrisch gegliederte Anlage des »Neuen Begräbnisplatzes« nach Plänen von Erdmannsdorff gilt als erster kommunaler Gottesacker in Deutschland. Im Sinne der Aufklärung sollte keine Unterscheidung zwischen Arm und Reich stattfinden, sodass die Gräber nur durch gleichmäßig bepflanzte Grabhügel ohne Grabmale markiert waren. Als letzte Ruhestätte äußerst begehrt, wurde der Friedhof 1820 um den südlichen Teil erweitert. Zahlreiche Persönlichkeiten sind hier begraben, darunter Basedow, Erdmannsdorff und Schwabe (Informationen unter www.wo-sie-ruhen.de). Ende der 1960er Jahre erfolgte die Umwandlung zur Grünanlage.

16 | Museum für Naturkunde und Vorgeschichte

Mi–So 10–17 Uhr

Stadteinwärts führt die Askanische Straße zur »Museumskreuzung« von Franz- und Kavalierstraße. Namensgebend ist das Museum für Naturkunde und Vorgeschichte, das sich seit 1927 bzw. nach den Zerstörungen des Zweiten Weltkrieges seit 1948 wieder an dieser Stelle befindet. Während das Erdgeschoss wechselnde Ausstellungen zu den Themen Natur- und Vorgeschichte präsentiert, laden Obergeschoss und Museumsturm zum Besuch der Dauerausstellung ein, die sich sowohl mit der Erdgeschichte und den Naturräumen als auch mit den ersten menschlichen Spuren in Anhalt während der Eiszeit bis hin zu archäologischen Zeugnissen aus der Zeit der Stadtwerdung im 13. Jahrhundert beschäftigt. Der Winkelbau entstand 1748–1750 als Stiftung des Fürsten Leopold II. Maximilian zur Aufnahme von Kriegsinvaliden. Einhundert Jahre später veränderte man das »Leopolddankstift« durch Aufstockung einer Etage. Außerdem wurde der über 40 Meter hohe Turm im Stil der Neorenaissance errichtet.

Hugo Junkers
1859–1935, Ingenieur und Unternehmer. Junkers kam nach technischen Studien in Berlin und Aachen 1888 nach Dessau zur »Deutschen Continental Gasgesellschaft«. 1895 begründete er die Firma »Junkers & Co.«, die wärmetechnische Geräte produzierte. Nach 1900 beschäftigte er sich auch mit Flugzeugbau. In der Folge entstanden die Unternehmen »Junkers Flugzeugwerk AG« und »Junkers Luftverkehr AG« (1926 zur Deutschen Luft Hansa vereinigt). 1933 enteignet und aus Dessau verwiesen, zog sich Junkers nach Bayern zurück. Neben Junkers-Wärmegeräten (heute Bosch) sind seine Flugzeuge – darunter die »Ju52« – bis heute legendär. Seit 2001 lädt auf dem ehemaligen Gelände der Junkers-Flugzeugwerke in der Kühnauer Straße 161a ein dem Ingenieur gewidmetes Technikmuseum zum Besuch ein (täglich 10–17 Uhr).

In der Askanischen Straße befindet sich auf der Brauereibrücke, in westlicher Richtung rund einen Kilometer von der Museumskreuzung entfernt, seit 2005 der **»Informations- und Mahnpunkt Zyklon B«**. Dort ganz in der Nähe befand sich das Stammwerk der »Dessauer Werke für Zucker und chemische Industrie«, in dem im Auftrag der Deutschen Gesellschaft für Schädlingsbekämpfung (Degesch) rund zwei Drittel des Giftgases Zyklon B hergestellt wurden, mit dem während des Zweiten Weltkrieges in Konzentrationslagern rund eine Million Menschen ermordet wurde.

17 | Kantorhaus

Gegenüber dem Museum für Naturkunde und Vorgeschichte steht im Schatten eines Einkaufscenters die Georgenkirche. Im niederländischen Barockstil 1712–1717 auf den Fundamenten einer mittelalterlichen Hospitalkirche erbaut, erweiterte der Baumeister Carlo Ignazio Pozzi das Bauwerk im frühen 19. Jahrhundert. In den 1960er Jahren wurde das im Krieg ausgebrannte Gotteshaus mit moderner Innenausstattung wieder aufgebaut.

Nach wenigen Metern erblickt man in der abzweigenden Kantorstraße das Kantorhaus. Das Gebäude mit Dacherker von 1889 diente dem Rabbiner der jüdischen Gemeinde als Wohnhaus und führte zur alten Synagoge, die im Zuge des Neubaus der unweit gelegenen neuen Synagoge in der Steinstraße 1907 abgerissen wurde. Auf das ehemalige Synagogengelände weist seit 1988 eine Stele hin. Gedenktafeln an dem heute wieder von der Jüdischen Gemeinde genutzten Gebäude ehren bedeutende jüdische Söhne der Stadt: Kurt Weill (siehe S. 15) und Moses Mendelssohn (siehe S. 37). An das Geburtshaus von Letzterem erinnert außerdem gegenüber an der Askanischen Straße 12 eine Marmortafel.

Auf den Spuren des Bauhauses

18 | Bauhausgebäude

Besichtigung 10–17 Uhr
Führungen 11/14 Uhr, Sa/So auch 12/16 Uhr
Designshop Bauhaus Dessau 10–17.30 Uhr

Um zu den zum UNESCO-Weltkulturerbe zählenden Gebäuden des Bauhauses zu gelangen, die rund zwei Kilometer vom Stadtzentrum jenseits des Hauptbahnhofes im Nordwesten von Dessau gelegen sind, fährt man über die Antoinettenstraße und die Puschkinallee bis zur Gropiusallee. Im öffentlichen Nahverkehr hält die Buslinie 10 direkt auf dem Bauhausplatz.

Der Ursprung des Bauhauses lag in Weimar, wo 1919 durch Zusammenlegung der dortigen Kunstschule mit der von Henry van de Velde initiierten Kunstgewerbeschule das Staatliche Bauhaus mit Walter Gropius als erstem Direktor gegründet wurde. Aus finanziellen und politischen Gründen – Lehrer, Schüler und Förderer des Bauhauses galten als links und internationalistisch – zog die Institution 1925 aus der Residenzstadt Weimar in das industriell geprägte Dessau. Im Auftrag der Stadt

László Moholy-Nagy
1895–1946, Maler und Bauhaus-Lehrer. Der in Ungarn geborene Künstler beschäftigte sich nach seinem Jurastudium ab 1918 vor allem mit Malerei. 1923 kam Moholy-Nagy als Formmeister der Metallwerkstatt zum Bauhaus, wo er bis 1928 lehrte und Assistent von Walter Gropius war. Anschließend gründete er in Berlin ein eigenes Atelier, bis er nach dem Berufsverbot in die USA emigrierte. In Chicago gründete Moholy-Nagy das »New Bauhaus«, wodurch sich dessen Ideen weltweit ausbreiteten.

Marcel Breuer
1902–1981, Designer und Architekt. Breuer absolvierte im Weimarer Bauhaus eine Ausbildung zum Tischler und beschäftigte sich parallel in Gropius' Büro mit Architektur. In Dessau stieg Breuer zum Jungmeister und Leiter der Möbelwerkstatt auf. Aufgrund seiner jüdischen Herkunft emigrierte Breuer 1933 nach Ungarn, später nach London und in die USA. Neben seiner dortigen Lehrtätigkeit an der Harvard University unterhielt er mit Gropius ein Architekturbüro. Zu Breuers bekanntesten Entwürfen zählen die Freischwingerstühle, die als Klassiker der Moderne gelten.

begann noch im gleichen Jahr der Bau des Bauhausgebäudes nach Entwürfen aus Gropius' privatem Architekturbüro. Im Dezember 1926 wurde das Gebäude feierlich eingeweiht und fortan sowohl von der Hochschule für Gestaltung als auch von der Gewerblichen Berufsschule genutzt.

Anders als heute stand der Komplex damals frei auf der »grünen Wiese« und war, durch seine leuchtend weiße Farbgebung, weithin sichtbar. Als Verkörperung der revolutionären Bauhaus-Idee funktionierten die verschiedenen Gebäudeteile wie ein »Baukasten« einzeln, ergaben durch ihre Schachtelung aber auch eine gemeinsame ästhetische Einheit. Als innovative Baustoffe des überaus modernen und funktionalen Gebäudes in Skelettbauweise dienten Glas und Stahlbeton. Im Inneren wirkten Konstruktion, Materialität und Farbgebung raumbildend, ihr bewusster Einsatz sollte für jedermann sichtbar sein. Getreu der Prämisse, dass Architektur und Gestaltung als Gesamtkunstwerk untrennbar zusammengehören, stammte die Innenausstattung des Bauhauses aus den eigenen Werkstätten (Wandmalerei, Metallwerkstatt und Tischlerei) u. a. von den Meistern Hinnerk Scherper, **László Moholy-Nagy** und **Marcel Breuer.**

Das Staatliche Bauhaus war als eine funktionale Arbeitsgemeinschaft konzipiert, in der die Unterscheidung zwischen Handwerker und Künstler aufgehoben und die traditionell getrennten Zweige der Bildenden, Angewandten und Darstellenden Künste miteinander verknüpft wurden. Den Werkstätten standen je ein Formsowie ein Werkmeister vor, letzterer zeichnete für die handwerkliche Ausbildung verantwortlich. Diese neue Art von Hochschule ersetzte althergebrachte Unterrichtsmethoden durch künstlerisches Experimentieren und disziplinübergreifendes Forschen mit dem Ziel, eine moderne Lebenswelt zu gestalten. Zu den bekanntesten »Bauhäuslern«, von denen die meisten bereits zu Weimarer Zeiten wirkten, zählen neben Walter Gropius Lyonel Feininger, Josef Albers, Georg Muche, Oskar Schlemmer, Paul Klee, Wassily Kandinsky u. v. a. m.

Der gesamte Bauhaus-Komplex besitzt keine zentrale Ansicht. Um die Gestalt der Baukörper vollständig zu erfassen, muss der Betrachter das gesamte Gelände umrunden. Für die praktischen Tätigkeiten diente der dreistöckige **Werkstattflügel** hinter der Glasvorhangfassade. Dort befanden sich u. a. Tischlerei und Weberei sowie Werkstätten für Metall, Druck und Reklame oder später Fotografie. Bei dem **Wohn- und Ateliergebäude**

Lyonel Feininger
1871–1956, Maler und Grafiker. In New York als Sohn eines deutschen Ehepaares geboren, lebte Feininger seit 1887 in Deutschland. Seit 1909 war er Mitglied der Künstlergruppe »Berliner Secession«. Ab 1919 lehrte er am Bauhaus in Weimar, mit dem er später nach Dessau zog. Aufgrund der politischen Lage und seiner Diffamation als »entarteter Künstler« durch die Nationalsozialisten kehrte Feininger 1937 in seine Geburtsstadt zurück. Feininger ist v. a. für seine kubistischen Stadtansichten bekannt.

Ludwig Mies van der Rohe 1886–1969, Architekt. In Aachen geboren, ging Ludwig Mies 1905 nach Berlin, wo er im Architekturbüro von Peter Behrens Bekanntschaft mit Walter Gropius schloss. 1927 leitete er die Werkbundausstellung in Stuttgart (»Weißenhofsiedlung«), anschließend die gefeierte deutsche Abteilung bei der Weltausstellung 1929 in Barcelona. Als Direktor des Dessauer Bauhauses begann Mies seine akademische Karriere. Nachdem er das Bauhaus in Berlin ein Jahr privat weitergeführt hatte, siedelte er 1937 in die USA über. Mies van der Rohe gilt als einer der bedeutendsten Architekten der Moderne.

mit seinen charakteristischen Balkonen handelte es sich um einen modern eingerichteten Wohnturm für einen kleinen Teil der Studierenden – eines der ersten in eine Hochschule integrierten Studentenheime in Deutschland. Diese beiden Flügel waren mit dem **Zwischenbau** (Festebene) verbunden, der Platz bot für Mensa, Bühne und Aula. Im zurückhaltender gestalteten **Nordflügel** befanden sich die Unterrichtsräume der Berufsschule. Zu diesem Gebäudetrakt führte eine zweistöckige **Brücke**, in der zusätzlich die Verwaltung und das Direktorenzimmer von Gropius bzw. seinen Nachfolgern untergebracht waren.

Im April 1928 trat Walter Gropius aus finanziell-organisatorischen Gründen als Direktor des Bauhauses zurück. Seine Nachfolge übernahm Hannes Meyer (siehe S. 34) unter der Maxime »Volksbedarf statt Luxusbedarf!« Dem aus politischen Motiven entlassenen Meyer folgte 1930 **Ludwig Mies van der Rohe**, der das Bauhaus nach seiner Schließung in Dessau durch die Nationalsozialisten im Herbst 1932 noch ein Jahr als Privatinstitut in Berlin fortführte. In den nur sechs Jahren des Dessauer Bauhauses entstanden unzählige Gebrauchsgegenstände, Möbel und Gebäude, die als Klassiker der Moderne bis heute für Aufmerksamkeit sorgen. Bis 1945, mittlerweile wurde

die Umgebung des Bauhauses im »Heimatstil« dicht bebaut, diente das Gebäude als Landesfrauenarbeits- und NS-Amtswalterschule sowie den Junkerswerken und dem Baustab des Rüstungsministers Albert Speer.

In der Zeit nach dem Zweiten Weltkrieg, als eine Neugründung der namhaften Bauhaus-Hochschule scheiterte, diente das provisorisch hergerichtete Bauwerk als Lazarett und Berufsschule. Erst im Zuge seiner Aufnahme in die zentrale Denkmalliste der DDR 1974 begann die umfassende Restaurierung. 1976 fand zum 50. Jubiläum der Bauhauseinweihung in Dessau ein feierlicher Staatsakt statt. Seit 1996 UNESCO-Weltkulturerbe, beherbergt das Bauhaus heute die 1994 gegründete Stiftung Bauhaus Dessau, eine künstlerisch-wissenschaftliche Stiftung mit einem vielfältigen Programm.

Das Bauhausgebäude ist öffentlich zugänglich und kann selbständig durch einen Rundgang erschlossen werden. Täglich stattfindende Führungen tragen zum tieferen Verständnis der vielschichtigen Konzeptionen, Ziele und Visionen des Bauhauses bei und gewähren spannende Einblicke in Räume wie das Direktorenzimmer, Aula und Bühne, die auf dem normalen Rundgang nicht zugänglich sind. Außerdem laden ein atmosphärisches Café und ein gut sortierter Designshop zum Verweilen ein.

Haus Gropius

Oskar Schlemmer
1888–1943, Maler, Bildhauer und Bühnenbildner. Schlemmer wurde 1920 an das Bauhaus Weimar berufen, wo er die Werkstätten für Wandmalerei, Stein- und später Holzbildhauerei leitete. Unter seiner Führung entwickelte sich die Bühne des Bauhauses zu einem bekannten Experimentierort, auf der legendäre Aufführungen wie das »Triadische Ballett«, der »Stäbetanz« oder die »Bauhaus-Tänze« entstanden. Seinen Unterricht nannte Schlemmer »Der Mensch«, für ihn das Maß aller Dinge. Bald nach Verlassen des Bauhauses 1929 begann Schlemmers Leidenszeit als »entarteter Künstler«.

19 | Meisterhäuser

Besichtigung 10–17 Uhr
Führungen 12.30/15.30 Uhr, Sa/So auch 13.30 Uhr

Vom Bauhausplatz führt die Gropiusallee in rund 500 Metern am Kreisverkehr in die Ebertallee, in der sich die ebenfalls zum Weltkulturerbe gehörenden Dessauer Meisterhäuser befinden. Neben der Errichtung des Bauhausgebäudes beauftragte die Stadt Gropius auch mit dem Bau »seines« Direktorenhauses (später lebten hier Meyer und Mies van der Rohe) sowie dreier Doppelhäuser für die Meister der Hochschule. Bereits 1926 bezogen Gropius sowie László Moholy-Nagy und Lyonel Feininger, Georg Muche und **Oskar Schlemmer** sowie **Wassily Kandinsky** und **Paul Klee** mit ihren Familien die inmitten eines Kiefernwäldchens gelegenen Gebäude – zur Miete, die bedingt durch Größe, Ausstattung und Lage nicht gering war.

Die Meisterhäuser entstanden nicht nur zeitgleich, sondern auch in engem Bezug zu Konzept und Bautechnik des Bauhauses. Das rationelle Gebäudeensemble aus teilweise industriell vorgefertigten Bauelementen besteht aus ineinander verschachtelten, unterschiedlich hohen kubischen Baukörpern. Jedes Doppelhaus verfügt über zwei Haushälften, deren baugleiche Grundrisse nur gespiegelt und um 90° gedreht sind. Während die Straßenfront von den großzügig verglasten Ateliers dominiert wird, gliedern Terrassen und Balkone die Hinteransicht der flachgedeckten Häuser. Alles getreu dem Motto: »Mehr Luft, Licht und Sonne«.

Ihr Inneres war und ist, im Gegensatz zum weißen Außenanstrich, farbenreich gestaltet. Außerdem wiesen die Bauten modernste Einrichtungsgegenstände auf, darunter begehbare Kleiderschränke, zusammenklappbare Doppelsofas und Geräte aus den Dessauer Junkerswerken. In den Ateliers der Bauhaus-Lehrer entstanden unzählige Kunstwerke, und auch die Ehefrauen der Bewohner engagierten sich künstlerisch: u. a. war Julia Feininger Malerin, Lily Klee Pianistin und Lucia Moholy Fotografin. Zahlreiche internationale Persönlichkeiten aus Kunst und Wissenschaft, Politik und Wirtschaft »pilgerten« in den 1920er Jahren nach Dessau – meist auch als Gäste der Meisterhaus-Bewohner –, um *die* Künstlerkolonie des 20. Jahrhunderts und die »Werkstatt der Moderne« kennenzulernen. Um nur einige zu nennen: die Tänzerin Gret Palucca und die Frauenrechtlerin Lu Märten, der Maler und Grafiker George Grosz, die Archi-

Wassily Kandinsky
1866–1944, Maler und Kunsttheoretiker. Der in Moskau geborene Künstler studierte in seiner Heimatstadt u. a. Rechtswissenschaften, die er mit einer Promotion abschloss. 1896 ging Kandinsky nach München, um Malunterricht und ein Studium an der Kunstakademie aufzunehmen. Als Mitbegründer des expressionistischen »Blauen Reiters«, ein loses Ausstellungs- und Publikationsforum, gilt Kandinsky als Wegbereiter der modernen Kunst. 1922–1933 wirkte der Künstler am Bauhaus, danach zog er nach Frankreich.

Meisterhaus Muche/Schlemmer, Vorderansicht

Paul Klee
1879–1940, Maler und Grafiker. 1920 wurde Klee an das Bauhaus Weimar, später Dessau, berufen. 1931 übernahm Klee eine Professur an der Kunstakademie Düsseldorf, die er bis zu seiner Emigration 1933 nach Bern bekleidete. Sein umfangreiches künstlerisches Werk ist geprägt von dem Zusammenspiel von Linie, Form und Farbe, außerdem verfasste er mehrere kunsttheoretische Abhandlungen und Tagebücher. Klee zählt zu den wichtigsten bildenden Künstlern der Klassischen Moderne des 20. Jahrhunderts.

tekten Bruno und Max Taut, der Komponist Béla Bartók oder der Chemiker und Farbtheoretiker Wilhelm Ostwald.

Seit Schließung des Dessauer Bauhauses 1932 anderweitig vermietet, wurden im Zweiten Weltkrieg das Direktorenhaus sowie die erste Doppelhaushälfte (Moholy-Nagy) zerstört. Seit 2014 ist das Ensemble durch Bauten des Architekturbüros Bruno Fioretti Marquez wieder vollständig. Ebenso kehrte der von Mies van der Rohe angeregte, am Kreisverkehr gelegene und in den Sommermonaten geöffnete Kiosk »Trinkhalle« ins Stadtbild zurück. Bereits zu Beginn der 1990er Jahre sanierte man die übrigen Meisterhäuser, um sie – unterstützt durch die Aufnahme ins UNESCO-Weltkulturerbe (1996) – einer breiten Öffentlichkeit zugänglich zu machen. Das Haus Feininger/Moholy-Nagy beherbergt das Kurt Weill Zentrum, in dem eine Dauerausstellung über den Dessauer Komponisten informiert. Im Meisterhaus Kandinsky/Klee erhält man Einblicke in die Baugeschichte und das Leben der »Bauhäusler«. Im Haus Muche/Schlemmer leben und arbeiten Künstler, die am internationalen Bauhaus Residenz Programm teilnehmen. Eine Auswahl ihrer Werke wird im Haus Gropius, in dem sich auch der Ticketschalter befindet, ausgestellt.

Meisterhaus Muche/ Schlemmer, Hinteransicht

Konsumgebäude

20 | Siedlung Dessau-Törten

Konsumgebäude 10–17 Uhr
Architekturführung durch die Siedlung 15.30 Uhr
Moses Mendelssohn Zentrum Di–So 11–16 Uhr

Rund vier Kilometer südlich des Stadtzentrums liegt die Bauhaussiedlung Dessau-Törten, die Walter Gropius 1926–1928 im Auftrag der Stadt erbaute. Sie ist mit Fahrrad und Auto über die Franz- bzw. Heidestraße zu erreichen oder alternativ mit der Straßenbahn Linie 1 bzw. Bus Nr. 10.

Als Auftakt des Besuchs der Mustersiedlung eignet sich der Besuch des **Konsumgebäudes** (Am Dreieck 1). Das sanierte Objekt beherbergt seit 2011 den zentralen Informationspunkt der Siedlung Törten. Zu sehen ist eine ihr gewidmete Dauerausstellung, außerdem beginnen hier Architekturführungen durch die Siedlung, in deren Rahmen man auch das Stahlhaus, eine Musterwohnung in den Laubenganghäusern sowie das original erhaltene Haus Anton besichtigen kann. Das Konsumgebäude entstand 1928 nach Entwürfen von Walter Gropius. Wie miteinander verwoben wirken seine beiden Bauteile, die Stahlbetonkonstruktion des Flachbaus sowie

Laubenganghaus

Hannes Meyer
1889–1954, Architekt. Meyer machte sich nach der Ausbildung zum Maurer bzw. Bauzeichner, Abendkursen an der Kunstgewerbeschule sowie Mitarbeit in verschiedenen Architektenbüros 1919 in Basel selbständig. 1927 als Meister an das Bauhaus Dessau berufen, übernahm er von Gropius 1928 den Posten des Direktors. Meyer maß dem Technischen wieder mehr Aufmerksamkeit bei und wandte sich mit der Parole »Volksbedarf statt Luxusbedarf« gegen egalitäre Strömungen im Bauhaus. Nach seiner Kündigung 1930 ging er zunächst nach Moskau, später in die Schweiz und nach Mexiko.

der fünfgeschossige Gebäudetrakt. Letzterer bot Platz für drei Dreizimmerwohnungen sowie Gemeinschaftsräume wie Waschküche und Dachterrasse. Im Flachbau betrieb der Konsumverein ein Café sowie ein Lebensmittel- und Kolonialwarengeschäft, das die Lebensqualität der Siedlung, in der mehr als 400 Familien lebten, enorm steigerte.

In der Peterholzstraße als auch in der parallel verlaufenden Mittelbreite befinden sich die fünf **Laubenganghäuser**, die seit 2017 die Welterbestätte Bauhaus erweitern. Gemeinsam mit der zeitglich aufgenommenen Bundesschule des Allgemeinen Deutschen Gewerkschaftsbundes in Berlin tragen sie zum Verständnis des zweiten Bauhausdirektors Hannes Meyer bei, der 1928/30 die Erweiterung der Siedlung Törten entwickelte. Zur Einsparung von Treppenhausfläche verfügten sie über einen separierten Treppenbau, von dem offene Gänge zu den Wohneinheiten führten. Die fünf Mehrfamilienhäuser besaßen 90 »Volkswohnungen« mit rund 48 Quadratmetern Grundfläche, die mit einer relativ geringen Miete für Arbeiter und Angestellte gedacht waren. Während Bauhausgebäude, Meisterhäuser und die benachbarten Siedlungshäuser Törten noch im privaten Baubüro von Gropius entworfen wurden, handelt es sich bei den Laubenganghäusern um Bauten, die der 1927 eingerichteten Architekturabteilung des Bauhauses entstammten. Bis auf eine bei Führungen zu besichtigende Musterwohnung sind die übrigen Wohnungen heute vermietet.

Auf der anderen Seite der Damaschkestraße beginnt die von Gropius entworfene **Reihenhaussiedlung** Törten. Als Viertelkreis sind die Straßenzüge Klein-, Mittel- und Großring angelegt, vorgesehen war ursprünglich eine Erweiterung zum Halb- oder Vollkreis. 1926–1928, als die Wohnungsnot eine der größten Herausforderungen der Weimarer Republik darstellte, entstanden in drei Bauphasen 314 Reihenhäuser mit verschiedenen Haustypen. Um kostensparend zu bauen, wurden die benötigten Bauteile vor Ort im Fließbandverfahren gefertigt. Jeweils zwei auf Rationalisierung bedachte Kuben wurden spiegelbildlich zu einem Doppelhaus zusammengefasst. Mehrere Doppelhäuser bildeten wiederum eine Einheit. Getreu der Bauhaus-Prämisse »Licht, Luft und Sonne« gliederten Fensterbänder die Fassaden. Als preiswerter Wohnraum für große Bevölkerungsschichten, v.a. Arbeiterfamilien, verfügten die Reihenhäuser der »halbländlichen« Versuchssiedlung außerdem über Nutzgärten, um Gemüseanbau und Kleintierhaltung zur Selbstversorgung zu ermöglichen.

Reihenhäuser am Kleinring

Richard Paulick
1903–1979, Architekt. Geboren in Roßlau, absolvierte Paulick in Dresden ein Studium der Architektur. Ab 1927 war er am Bauhaus Dessau Assistent von Gropius. Nach einigen Jahren als selbständiger Architekt emigrierte Paulick 1933–1949 nach Shanghai, wo er u. a. an der Universität lehrte und Direktor des Stadtplanungsamtes war. Seit 1950 zurück in Deutschland, beteiligte sich Paulick am Wiederaufbau des historischen Berliner Zentrums und war Leiter des Aufbaustabes für die Stalinallee. Außerdem plante der mehrfache Nationalpreisträger der DDR Wohnungsbauten u. a. in Halle-Neustadt.

Heute sind zwei der ansonsten bewohnten Siedlungshäuser für die Öffentlichkeit zugänglich. Im Haus Mittelring 38 befindet sich die **Moses-Mendelssohn**-Gesellschaft, die neben öffentlicher Bibliothek und Archiv eine Ausstellung über den Dessauer Aufklärer unterhält. Außerdem sehenswert ist Haus Anton (Doppelreihe 35) mit original erhaltener Bausubstanz.

In der Südstraße befinden sich zwei weitere Gebäude der Bauhausepoche. Das Ende 1926 entworfene **Stahlhaus** diente den Architekten Georg Muche und **Richard Paulick** zur Erprobung neuer Baustoffe: die Stahlskelett-Konstruktion mit aufmontierten Stahlplatten ist vollständig sichtbar. Dieses vorfabrizierbare Montagehaus versprach eine Verringerung der Bauzeiten und -kosten, um die Wohnungsnot der 1920er Jahre in den Begriff zu bekommen. Während Stahl bereits bei Industrie- und Geschäftsbauten verwendet worden war, wurde der Baustoff hier erstmals im Wohnungsbau eingesetzt. Das Haus, das bis in die 1990er Jahre bewohnt war, zeichnet sich durch seine schwarz-weiß-graue Farbgebung und die beiden verschieden große Kuben aus.

Das 1927 erbaute Wohnhaus (Südstraße 6) von Carl Fieger (1893–1960), einem engen Mitarbeiter von Gropius, ist bewohnt und nicht zu besichtigen.

Stahlhaus

Gasthof »Zum Eichenkranz«

Die Wörlitzer Anlagen

21 | Wörlitz

Tourist-Information, Förstergasse 26, Mai–Sept. 10–17 Uhr; Apr./Okt. 10–16 Uhr; Nov.–März: Mo–Fr 10–16 Uhr

Die Kleinstadt Wörlitz und die Wörlitzer Anlagen, berühmtester Teil der UNESCO-Welterbestätten des Gartenreiches Dessau-Wörlitz, sind mit dem Auto in rund 30 Minuten über Oranienbaum (B 185/B 107) oder Vockerode (L 133) zu erreichen. Alternativ verkehren in der Saison täglich die Dessau-Wörlitzer Eisenbahn (www.dvg-dessau.de) bzw. die Buslinie 304 (www.mein-bus.net) vom Hauptbahnhof Dessau nach Wörlitz.

Einem Stadttor gleich erhebt sich auf dem Weg in den Ort Wörlitz der historische Gasthof »Zum Eichenkranz«. Das dreiflügelige Fachwerkgebäude von 1785/86 diente einst Besuchern der Wörlitzer Anlagen als Herberge. Im Jahre 1004 erstmals erwähnt, erhielt die Ackerbürgersiedlung Wörlitz 1440 Stadtrecht. Landesweite Bedeutung errang das Städtchen Mitte des 18. Jahrhunderts, als sich Fürst Leopold III. Friedrich Franz hier seine

Moses Mendelssohn
1729–1786, Philosoph. Als Sohn eines jüdischen Lehrers wurde Mendelssohn in Dessau geboren. 1743 ging er an die Talmudschule in Berlin, wo er später als Hauslehrer und in einer Seidenfabrik arbeitete. Im Kreise der Berliner Aufklärung war er u. a. mit den Schriftstellern Friedrich Nicolai und Gotthold Ephraim Lessing – zu dessen »Nathan der Weise« Mendelssohn das Vorbild gab – befreundet. Als Wegbereiter der »Haskala« (Erziehung) setzte sich der aufgeklärte Philosoph für die Emanzipation der Juden und als Mittler sowohl zwischen jüdischer Tradition und Moderne als auch unter den Religionen ein.

Wörlitzer Rathaus

Sommerresidenz errichtete und mit der Gestaltung der Wörlitzer Anlagen begann. Als Verbindungsglied zwischen Park und Stadt ließ Friedrich Wilhelm von Erdmannsdorff am langgestreckten Markt, der wie ein römischer Circus angelegt war, 1792/95 das Rathaus errichten.

22 | St. Petri

Palmsonntag–Mitte Okt.: Di–Sa 11–17 Uhr, So 12–17 Uhr

Die Stadtkirche St. Petri, gestiftet durch Markgraf Albrecht den Bären (um 1100–1170), Begründer der Mark Brandenburg, wurde 1196 erstmals erwähnt und 1201 geweiht. Teile dieses einschiffigen romanischen Baus, darunter Grundmauern, Triumphbogen und das Südportal, sind in den bestehenden Bau einbezogen. Wesentliche Veränderungen der Kirche wie Hinzufügung eines Querhauses und Erhöhung des Turmes erfolgten 1805–1809 im neogotischen Stil. Ebenfalls aus dieser Zeit datiert das harmonisch wirkende Kircheninnere mit den zweigeschossigen hölzernen Emporen, Orgelprospekt und Fürstenstuhl sowie Altar, Taufstein und Kanzel. Neben

dem geschnitzten Wappen über dem Triumphbogen (17. Jahrhundert), die Fürstentümer Anhalts symbolisierend, sind außerdem mehrere Grabsteine aus dem 16. Jahrhundert sehenswert.

Vom 66 Meter hohen Kirchturm genießt man eine wunderbare Aussicht über Wörlitz und die angrenzende Parkanlage.

23 | Wörlitzer Park

Parkführung Apr.–Okt. 13 Uhr (Treff vor dem Schloss)
Gondelrundfahrten (45 Minuten)
Mai–Sept. 10–18 Uhr; Apr./Okt. 11–16 Uhr
Fähren Mai–Sept. 10–18 Uhr; Apr./Okt. 11–17 Uhr

Der Wörlitzer Park ist jederzeit und ohne Eintritt zugänglich, jedoch kann an Automaten ein freiwilliger »Gartenreich-Euro« gespendet werden. In den fünf Gartenbereichen rund um den Wörlitzer See – einem Altwasser der Elbe – lassen sich neben verschiedenen Bauwerken zahlreiche Kanäle, Inseln, Kleinarchitekturen und Plastiken entdecken. Unmittelbar nach der Rückkehr von seiner Kavalierstour begann Fürst Franz in den 1760er Jahren mit der planmäßigen Landschaftsverschönerung seines Territoriums. Was in Wörlitz, dem ersten englischen, scheinbar naturbelassenen Landschaftsgarten Kontinentaleuropas seinen Ausgangspunkt nahm, wurde während der langen Regierungszeit des Fürsten fast auf das gesamte Fürstentum ausgeweitet. Schon Zeitgenossen schätzten diese geschlossene Gartenlandschaft, durchzogen von Alleen, Sichtachsen und Kleinkunstwerken als »Gartenreich«. Als »Zierde und Inbegriff des 18. Jahrhunderts« (Christoph Martin Wieland) orientierte sich das Gartenreich an den Ideen der Aufklärung: landschaftliche Gegebenheiten wurden sowohl mit anspruchsvoller Kunst und Architektur als auch mit einem philosophisch-ethischen und pädagogischen Reformprogramm verbunden. Die öffentlich zugänglichen Anlagen sollten für die lustwandelnden Besucher ein ganzheitliches Bildungsprogramm verfolgen. Viele Flächen wurden als Streuobstwiesen, Felder oder Weiden genutzt.

Johann Wolfgang von Goethe
1749–1832, Dichter. In Frankfurt geboren, studierte Goethe auf Drängen des Vaters in Leipzig und Straßburg Jura, wandte sich aber schon bald der Schriftstellerei zu. Durch seinen Roman »Die Leiden des jungen Werthers« (1774) europaweit berühmt, war Goethe ab 1776 in Weimar als Berater des Herzogs Karl August tätig – einem Freund des Dessauer Fürsten Franz. Goethe hielt sich mehrfach in Wörlitz auf und berichtete z. B. von seinem Aufenthalt 1778 an Charlotte von Stein: »Hier ists iezt unendlich schön. Mich hats gestern Abend wie wir durch die Seen Canäle und Wäldgen schlichen sehr gerührt wie die Götter dem Fürsten erlaubt haben einen Traum um sich herum zu schaffen«. Später war er maßgeblich an der Gestaltung des Weimarer Parkes an der Ilm beteiligt. In dem englischen Landschaftsgarten befinden sich noch heute u. a. Goethes berühmtes Gartenhaus sowie der »Dessauer Stein« als Symbol der Freundschaft mit Fürst Franz.

24 | Schloss Wörlitz

Mai–Sept.: Di–So 10–18 Uhr; Apr./Okt.: Di–So 11–17 Uhr

Am Marstall (1775/76) vorbei, einem Backsteinbau mit Blendarkaden und Portal, führt der Rundweg gegenüber dem Marktplatz zum Wörlitzer Schloss. Der Übergang zum ältesten Teil der Wörlitzer Anlagen verläuft fließend. Das von Friedrich Wilhelm von Erdmannsdorff anstelle eines barocken Jagdschlosses ab 1769 neu errichtete »Wörlitzer Landhaus« gilt als Gründungsbau des deutschen Klassizismus. Als Abkehr vom verspielten Barock zeichnet sich diese kunstgeschichtliche Epoche zwischen 1770 und 1840 durch die sparsame Verwendung von Schmuckelementen aus. Im deutschsprachigen Raum gilt Johann Joachim Winckelmann als geistiger Vater des Klassizismus, der sich an der Kunst der Antike orientierte. Winckelmann war es auch, der Fürst Franz, Erdmannsdorff und weiteren Begleitern der fürstlichen »Grand Tour« 1765/66 die Sehenswürdigkeiten Roms nahebrachte. Weiteren Einfluss auf den Erdmannsdorffschen Entwurf nahmen bei der Bildungsreise besichtigte englische Landhäuser. Franz widmete das zweckmäßige Schloss – ursprünglich als »Englisches Haus« oder »Neuer Bau« bezeichnet – seiner Gemahlin Louise als Sommerresidenz, allerdings war es von Anbeginn für jedermann öffentlich zugänglich.

Während sich die klar gegliederte Hauptfassade mit Säulenportikus und Freitreppe zur Stadt präsentiert, erhielt die Gartenseite in den 1780er Jahren auf dem flachen Walmdach ein Belvedere. Im Inneren empfängt den Besucher ein zentraler, in Anlehnung an römische Atrien geschaffener Lichthof, um den sich die übrigen Räume des Erdgeschosses gruppieren. Zu besichtigen sind u. a. zwei chinesische Zimmer, die (getrennten) Schlafzimmer des Fürstenpaares, die Bibliothek sowie der über zwei Geschosse reichende Große Saal. Seit 2019 wird im Mezzaningeschoss die Dauerausstellung »Georg Forster und die Wörlitzer Südseesammlung« (siehe S. 51) präsentiert.

Auch das einzigartige, überwiegend im Original erhaltene Interieur des Wörlitzer Schlosses spiegelt die Erfahrungen der Bildungsreise wider. Neben abwechslungsreichen Raumfassungen zählen dazu u. a. antike Plastiken sowie historische Kunstwerke. Geprägt von Funktionalität, besaß das Schloss moderne technische Ausstattungsstücke wie Wasserleitungen, Aufzüge zur Beförderung von Speisen und Brennmaterial, Wandklappbetten oder einen Eisschrank.

Louise Henriette Wilhelmine von Brandenburg-Schwedt
1750–1811, Fürstin von Anhalt-Dessau. Durch die Heirat mit ihrem Cousin Leopold III. Friedrich Franz wurde Louise 1767 Fürstin von Anhalt-Dessau. Aus der Ehe ging nur ein überlebender Sohn hervor. Ab 1790 bewohnte sie das Graue Haus am Kirchhof von Wörlitz, wo sie sich fernab vom gesellschaftlichen Verkehr vor allem um ihre Bibliothek, eine der bedeutendsten ihrer Zeit, kümmerte. Friedrich Matthisson, Dichter und Privatsekretär der Fürstin, zählte Louise zu den »gebildetsten und geistvollsten Frauen« seiner Zeit.

Festsaal

25 | Synagoge

Rechter Hand das zum Schloss gehörende **Küchengebäude** und das **Graue Haus**, Wohnhaus der Fürstin Louise, hinter sich lassend, führt der Rundweg zur Synagoge von Wörlitz. 1787/90 etwas erhöht in Ufernähe errichtet, ist sie der einzige Sakralbau von Erdmannsdorff. Der kreisrunde, flachgedeckte Zentralbau besitzt in Anlehnung an einen römischen Tempelbau hochsitzende Rundfenster, seine Fassade ist durch Pilaster gegliedert. Während das untere Portal zum unter dem Betraum liegenden Ritualbad (Mikwe) führt, gelangt man über die mit Bruchsteinen verblendete Rampe zum Männer- und zum Frauenportal. Im Novemberpogrom 1938 blieb das Bauwerk durch beherztes Eingreifen des Gartendirektors Hans Hallervorden, Großvater des Kabarettisten **Dieter Hallervorden**, erhalten, ihre Ausstattung hingegen ging verloren. Das Gotteshaus, in unmittelbarer Nachbarschaft zur Wörlitzer Kirche gelegen, verdeutlicht einmal mehr, welchen Stellenwert die religiöse Toleranz in Franz' aufgeklärten Weltbild einnahm: »Ob Jude, Heide oder Christ, im Tode sind wir alle gleich, darum sei und bleibe Mensch« (Inschrift am Friedhof in Gröna bei Bernburg).

Dieter »Didi« Hallervorden
Geb. 1935, Schauspieler und Kabarettist. Nach dem Abitur am Philanthropinum studierte der gebürtige Dessauer in Berlin Romanistik, Publizistik und Theaterwissenschaften. 1958 nach West-Berlin geflohen, gründete Hallervorden dort die bekannte Kabarettbühne »Die Wühlmäuse«. 2013 wurde Hallervorden für sein Lebenswerk als Schauspieler, Komiker, Kabarettist, Sänger, Moderator und Synchronsprecher mit der »Goldenen Kamera« ausgezeichnet.

26 | Insel Stein mit Villa Hamilton

Mai–Sept.: Di–So 10–18 Uhr; Apr./Okt.: Di–So 11–17 Uhr

Anschließend entfernt sich der Rundweg von der Stadt Wörlitz und führt nach rund 600 Metern zur Insel Stein, einer der Kuriositäten des Gartenreichs. Auch der »Wunderfelsen« basiert auf Eindrücken, die Erdmannsdorff und sein befreundeter Fürst von ihrer Italienreise mitgenommen hatten. Neben dem Vesuv stand ebenso die Villa des englischen Diplomaten Sir William Hamilton (1730–1803) in Neapel Pate, in der die Reisegesellschaft zu Gast gewesen war. Die künstliche Insel entstand ab 1788 aus Findlingen, die der Attraktion ihren eher unspektakulären Namen gaben. Das ungewöhnliche Bauwerk besitzt neben einem antiken Theater, Tempel und Kolumbarium mehrere Felsengänge und Grotten. Der »Vesuv von Wörlitz« bekrönt die Insel und sorgte bei besonderen Anlässen mit sich über den Vulkankegel ergießender »Lava« für aufregende Licht-, Klang- und Wassereffekte. 2005 fand erstmals wieder ein inszenierter Vulkanausbruch statt. Die nach dem befreundeten Gesandten benannte Villa Hamilton verfügt über drei reich dekorierte Räume.

Volksfest »Die Lust am Drehberge«
In einer kreisrunden Anlage drei Kilometer außerhalb von Wörlitz, ursprünglich als Grabmal der Fürstenfamilie angelegt, fand zwischen 1776 und 1799 alljährlich am 24. September (Geburtstag der Fürstin Louise) das Volksfest »Die Lust am Drehberge« statt. Die Pferderennen, Wettläufe etc. wurden von Zeitgenossen wie GuthsMuths als »wiederaufgelebte Olympische Spiele« gefeiert. Tatsächlich sehen Historiker darin heute einen Vorläufer der von Coubertin begründeten modernen Olympischen Spiele (ab 1896).

27 | Pantheon

Im Jahr 1990 begründet, wurde das **Biosphärenreservat Mittelelbe** 2006 auf über 120 000 Hektar Fläche erweitert. Der sachsen-anhaltische Bereich Mittelelbe ist Bestandteil der länderübergreifenden »Flusslandschaft Elbe«, eines der größten UNESCO-Biosphärenreservate in Deutschland. Zwischen Dessau und Oranienbaum befindet sich das Informationszentrum Auenhaus (Mai–Okt.: Mo–Fr 10–17 Uhr, Sa/So 11–17 Uhr, Nov.–Apr.: Mo–Fr 10–16 Uhr, Tel. 034904 4 06 10), u. a. mit Ausstellung, Kräuter- und Gemüsegarten, Lehr- und Erlebnispfad sowie einer Biberfreianlage.

Am Georgenkanal, der die überwiegend landwirtschaftlich genutzten **Neuen Anlagen** von Wörlitz durchzieht, gelangt man zum Pantheon. Zuvor überquert man zwei der 19 Brücken, die einem Bilderbuch der Brückenbaukunst gleich in den Gartenanlagen verteilt sind. Darunter befinden sich Zug-, Hänge- und Schwimmbrücken, wobei keine der anderen ähnelt. An dieser Stelle führt zunächst die **Eiserne Brücke** an das andere Ufer, ein verkleinerter Nachbau der 1779 errichteten, weltweit ersten gusseisernen Brücke im englischen Coalbrookdale. Anschließend erreicht man über die **Sonnenbrücke** und den gleichnamigen Kanal wandelnd das Große Walloch, einen infolge von Deichbrüchen in den 1770er Jahren entstandenen See.

An seinem Ufer erblickt man das in einen Hochwasserwall eingebettete Pantheon, das Erdmannsdorff ab 1795 nach dem berühmten römischen Vorbild errichten ließ. Der typische Rundbau mit korinthischem Säulenportikus diente zur Präsentation der fürstlichen Antikensammlung. Ein von Findlingen verkleideter Zugang führte zum Untergeschoss, das Portal auf dem Wall zum Erd- und Obergeschoss.

28 | Monument

»Toleranzblick« mit Goldener Urne

Auf dem Weg zum Monument sollte man den Blick rechter Hand über die ausgedehnten, naturnah belassenen Elbauen mit zahlreichen seltenen Tier- und Pflanzenarten schweifen lassen, die als **Biosphärenreservat Mittelelbe** geschützt sind. Am Ufer des Kleinen Wallochs thront das Monument, ein achteckiger Findlingsbau mit einer bekrönenden antiken Säule. Die Bestimmung des ab 1801 errichteten Bauwerks verrät die von Franz veranlasste Inschrift – »Meinen Vorfahren«. Der tonnengewölbte Innenraum enthält eine symbolische Ahnengalerie, nach Franz fortgeführt bis zum letzten, bis 1918 regierenden Herzog von Anhalt-Dessau.

Unterhalb des Monumentes befindet sich als Grabmal für die 1768 bei der Geburt verstorbene Tochter des Fürstenpaares die **Goldene Urne**. Von diesem Standpunkt aus eröffnen sich zwei der zahlreichen bewusst angelegten Sichtachsen der Anlage: erstens der »Toleranzblick« auf Synagoge und Kirche am gegenüberliegenden Ufer des Wörlitzer Sees; zweitens der Anblick des Warnungsaltars, der als vermutlich frühestes Naturschutzmonument auf deutschem Boden die Inschrift »Wanderer achte Natur und Kunst und schone ihrer Werke« trägt.

Monument

29 | Gotisches Haus

Mai–Sept.: Di–So 10–18 Uhr; Apr./Okt.: Di–So 11–17 Uhr

Das Gotische Haus, gelegen auf **Schochs Insel**, ist über verschiedene Wege erreichbar. Erstens gelangt man unterhalb der Goldenen Urne auf die Insel, auf der sich u. a. das Grab des Hofgärtners Johann Leopold Ludwig Schoch d. Ä. (1728–1793) sowie das Nymphaeum befinden. Der längere Weg führt entlang des Kleinen Wallochs zum **Venustempel** und zur **Luisenklippe**, einem Grottenbauwerk mit Kemenate, und weiter bis zum **Floratempel** (siehe Umschlag). Der als Musikpavillon genutzte Tempel ist vom Floragarten umgeben, von dem aus Sichtachsen den Weg zum Gotischen Haus weisen.

Aus dieser Richtung kommend, erblickt man zuerst die Hauptfront des Gotischen Hauses. Diese Fassade ist einer venezianischen Kirche nachempfunden und wurde später um zwei Wirtschaftsflügel ergänzt. Das Bauwerk entstand ab 1773 unter Leitung der Baumeister Erdmannsdorff und Georg Christoph Hesekiel und diente zunächst als Wohnung der Gärtnerfamilie. In den Folgejahren wandelte es sich zum bevorzugten Refugium des Fürsten Franz, in dem er mit der Gärtnerstochter Leopoldine Luise Schoch und drei gemeinsamen Kindern lebte.

Unten: Gotisches Haus
Links: Venustempel

Gotisches Haus

Jean-Jacques Rousseau
1712–1778, Philosoph. Der aus Genf stammende Sohn eines Uhrmachers entwickelte sich in Paris zu einem der einflussreichsten Schriftsteller der europäischen Aufklärung. Mit seinen Werken, darunter die pädagogischen Briefromane »Die neue Heloise« und »Emile« sowie die staatspolitische Schrift »Vom Gesellschaftsvertrag«, prägte er das Denken einer ganzen Epoche. Sein Motto »Zurück zur Natur« wurde zum Schlachtruf, der bis ins 20. Jahrhundert hallte. Die Dessauer Reformbewegung ist ohne Rousseaus Wirken undenkbar.

Umrundet man die Anlage, gelangt man zum etwas versetzt angefügten Flügelbau aus rotem Backstein mit weiß abgesetzten Fenster- und Putzgliederungen. In Anlehnung an den Landsitz des englischen Schriftstellers Horace Walpole zählt das in den 1780er Jahren errichtete Gebäude zu den frühesten Bauwerken im Stil der Neogotik auf dem europäischen Festland, die sich an der englischen Tudorgotik orientierte. Nahm Fürst Franz sonst die Formensprache des Klassizismus auf und sammelte antike Objekte, schuf er hier einen »Ort des Mittelalters«.

Als Schatzkammer von Anhalt-Dessau bewahrte das Gotische Haus eine der ersten gezielt angelegten Sammlungen altdeutscher und altniederländischer Malerei mit rund 600 Werken, darunter mehr als 30 von den Cranachs und ihren Werkstätten. Hinzu kamen Waffen, Münzen, Möbel und kunsthandwerkliche Arbeiten, die der Fürst als leidenschaftlicher Kunstsammler hier in seinem Refugium aufbewahrte. Obwohl im Laufe der Zeit zahlreiche Gegenstände verloren gegangen sind, beeindruckt heute neben der Kunstsammlung die neogotische Ausstattung des Hauses und die wertvollen, insbesondere aus der Schweiz stammenden Glasmalereien des 15. bis 17. Jahrhunderts.

30 | Neumarks Garten

Schochs Insel über die **Wolfsbrücke** verlassend, kann man den Weg am Ufer des Wörlitzer Sees zurück zum Ausgangspunkt wählen, auf dem man linker Hand die **Rousseauinsel** mit der symbolischen Urne des bedeutenden Gelehrten der Aufklärung erblickt. Alternativ empfiehlt sich – bei Fährbetrieb – das zweimalige Übersetzen über die **Roseninsel** bis hin zur Insel **Neumarks Garten**. Benannt nach dem ersten Gärtner der Wörlitzer Anlagen, Johann Christian Neumark (1741–1811), befindet sich hier ein **Labyrinth**, das – allegorisch den Weg der menschlichen Erkenntnis darstellend – zum freundlich gestalteten Elysium, der legendären »Insel der Seligen«, führt. Während die Teelaubenfähre zum Schlossgarten übersetzt, gelangt man auch über den **Eisenhart** zurück auf das »Festland« in der Nähe des Gasthofes »Eichenkranz«. Einer Bastion ähnlich, war der Eisenhart ursprünglich der Haupteingang zum Garten. Auf seiner Plattform befanden sich der öffentlich zugängliche Bibliotheks- und der Südseepavillon, letzterer zur Ausstellung der 1775 von dem deutschen Weltreisenden, Naturforscher und Reiseschriftsteller **Georg Forster** erworbenen Sammlung.

Georg Forster
1754–1794. Naturforscher und Revolutionär. Bereits als Jugendlicher nahm Forster an der 2. Weltumsegelung von James Cook (1772) teil; einen Teil seiner Südsee-Sammlung schenkte er später dem Dessauer Fürsten, der sie in Wörlitz ausstellte. Sein Buch »Reise um die Welt« gilt bis heute als eine der bedeutendsten Reisebeschreibungen aller Zeiten. Nach Jahren der Lehrtätigkeit in Kassel und Mainz gehörte Forster 1793 zu den Gründern der Mainzer Republik, der ersten Republik auf deutschem Boden. Als Revolutionär mit der Reichsacht belegt, starb Forster 1794 völlig verarmt im Exil in Paris.

Rousseauinsel

Schloss Oranienbaum

Gartenreich Dessau-Wörlitz

Henriette Catharina von Oranien-Nassau
1637–1708, Fürstin von Anhalt-Dessau. Als Tochter des Statthalters der Vereinigten Niederlande heiratete Henriette 1652 Johann Georg II. von Anhalt-Dessau. Das bekannteste ihrer zehn Kinder war der »Alte Dessauer« Leopold I. 1673 benannte sie das bei Dessau gelegene Dorf Nischwitz in Oranienbaum um und begann ab 1683 die barocke Gesamtanlage. Als eines der vier »Mutterhäuser« des niederländischen Königshauses besuchte Königin Beatrix 2004 und 2012 Oranienbaum. 2017 waren König Willem-Alexander und Königin Máxima zu Gast.

Das weltberühmte Gartenreich Dessau-Wörlitz entstand im Zuge des Reformprogramms von Leopold III. Friedrich Franz von Anhalt-Dessau, mit dem der aufgeklärte Fürst eine »Landesverschönerung« getreu der Maxime »Verknüpfung des Schönen mit dem Nützlichen« erreichen wollte. Sein »Ländchen« Anhalt-Dessau entwickelte sich zu einem Musterstaat mit europaweit ausstrahlender Vorbildwirkung. Neben den Wörlitzer Anlagen (siehe S. 37–51), Ausgangs- und Höhepunkt der Umgestaltung, entstanden in rund vierzig Jahren das Georgium, das Luisium, der Park auf dem Sieglitzer Berg sowie der Kühnauer Park als früheste großräumige Parkgestaltung auf dem europäischen Kontinent. Die älteren Schlösser in Oranienbaum und Mosigkau wurden bewusst in das Gesamtkonzept integriert. Im Jahr 2000 wurde das Gartenreich, das sich heute auf rund 142 Quadratkilometern erstreckt, in das UNESCO-Weltkulturerbe aufgenommen.

Ab 1683 ließ sich Fürstin **Henriette Catharina** aus dem Hause Nassau-Oranien, Gemahlin des anhaltischen Fürsten Johann Georg II. (1627–1693), **Schloss Oranienbaum** (Apr.: Sa/So 10–17 Uhr; Mai–Okt.: Di–So 10–17 Uhr) als Sommerresidenz errichten. Baumeister des nach ihrer

Familie benannten Schlosses im Stil des niederländischen Barock war der Niederländer Cornelis Ryckwaert. Zeitgleich wurden ein großer Schlossgarten und die gleichnamige, planmäßig angelegte Siedlung gebaut. Während Henriette Catharinas Sohn und ihr Enkel hier nur selten zur Jagd verweilten, bezog ihr Urenkel Fürst Franz Oranienbaum in sein Gartenreich ein. Er gestaltete einen englisch-chinesischen Garten, u. a. mit einer fünfgeschossigen Pagode und einem Teehaus, der als frühester seiner Art in Deutschland erhalten geblieben ist. Auch im Inneren des Schlosses ließ er mehrere Räume im chinesischen Stil ausstatten. Neben der Besichtigung der reich ausgestatteten Schlossräume, darunter der Ledertapeten- und der Spiegelkristallsaal, lädt im nördlichen Pavillon das »TabakCollegium« zum Besuch ein, das über die von Henriette Catharina in Anhalt eingeführte Tabakproduktion informiert. Die 1810/12 errichtete Orangerie gehört mit 174 Metern zu den längsten Europas.

Schloss Mosigkau (Mai–Sept.: Di–So 10–17 Uhr; Apr./Okt.: Sa/So 10–17 Uhr) wurde ab 1752 westlich von Dessau (heute Knobelsdorffallee) als Sommersitz der Prinzessin Anna Wilhelmine von Anhalt-Dessau, Tochter des Fürsten Leopold I., erbaut. Nach ihrem Tod 1780 wurde das Schloss in ein Stift für adlige unverheiratete Frauen

Schloss Mosigkau

Schloss Luisium

umgewandelt, das bis 1945 bestand. Als »kleines Sanssouci« gehört Schloss Mosigkau heute zu den letzten weitgehend erhaltenen Rokoko-Ensembles Mitteldeutschlands. Zu besichtigen sind zahlreiche Räume, darunter der Galeriesaal mit der seltenen, fast vollständig erhaltenen barocken Gemäldehängung mit bedeutenden Werken von Anthonis van Dyck, Peter Paul Rubens und Jan Brueghel d. Ä. Der ehemalige Lustgarten mit Fischteich, Irrgarten und zwei Orangerien lädt zum Verweilen ein.

Das im heutigen Stadtteil Waldersee gelegene **Schloss Luisium** (Mai–Sept.: Di–So 10–17 Uhr; Apr./Okt.: Sa/So 10–17 Uhr) wurde 1774/78 durch Friedrich Wilhelm von Erdmannsdorff für Franz' Gattin Louise als privates Refugium erbaut. Das zweigeschossige quadratische Gebäude mit bekrönendem Belvedere bewahrt in seinem Inneren bedeutende klassizistische Raumschöpfungen mit Stuck und Gemälden nach Erdmannsdorffs Entwürfen. Der ausgedehnte, ab 1780 angelegte englische Landschaftsgarten, der inmitten der uralten Auenlandschaft angelegt wurde, gilt mit seinen verschiedenen Gartenarchitekturen als einer der schönsten des Gartenreiches.

Das **Georgium** ist nach seinem Erbauer Johann Georg (1748–1811) benannt, Fürst Franz' jüngerem Bruder. Ab 1780 entstanden das Schloss und der Georgengarten im englischen Stil. Die künstlerisch gestaltete Anlage an der heutigen Puschkinallee unweit des Bauhauses mündet harmonisch in den naturnah belassenen Beckerbruch. Wie in Wörlitz sind auch im Georgengarten zahlreiche Kleinarchitekturen wie antike Torbögen oder die Wallwitzburg zu entdecken. Im Schloss präsentiert die Anhaltische Gemäldegalerie neben der graphischen Sammlung altdeutsche und niederländische Malerei. Gegenüber dem Georgium befindet sich der **Tierpark Dessau** (Sommer 9–18 Uhr, Winter 9–16 Uhr) mit dem ab 1894 erbauten **Mausoleum** als herzogliche Begräbnisstätte.

Mittelpunkt der »geordneten Wildnis« des heute ganzjährig frei zugänglichen Parkes am **Sieglitzer Berg** ist die Solitude, ein kleines klassizistisches Haus in Form eines römischen Tempels. Die Inschrift »Gute Besserung« verweist darauf, dass sich Fürst Franz hier ein Heilbad gegen seine rheumatischen Beschwerden errichten ließ.

Das **Schloss Großkühnau**, in dem seit 1998 die Verwaltung der Kulturstiftung Dessau-Wörlitz beheimatet ist, wurde bis 1780 für den Prinzen Albert von Anhalt-Dessau errichtet. Der am Kühnauer See angelegte Park enthält auch Obstanlagen und einen Weinberg. Sehenswert ist die nahegelegene, 1828/30 erbaute Kirche im neoromanisch-byzantinischen Stil.

Mausoleum im Georgengarten

Dessau/Wörlitz an einem Tag. Ein Stadtrundgang
Herausgegeben von Mark Lehmstedt

Text: Kristina Kogel
Lektorat: Kristina Schulze/Lehmstedt Verlag
Karte: OpenStreetMap-Mitwirkende, geodressing.de
Fotos: Mareike Bardenhagen (U1, S. 1, 2, 3 o., 4, 9, 13, 15–21, 22, 26, 28, 30–34, 36), Hajo Dietz/Nürnberg Luftbild (S. 25), Kristina Kogel (U1 Klappe, U4, S. 3 u., 6, 7, 8, 11, 12, 14, 24, 27, 29, 35, 37–42, 44–46, 47 u., 48–52, 55), Bildarchiv der Kulturstiftung DessauWörlitz/Heinz Fräßdorf (S. 43, 47 o.), Novarc Images/Alamy Stock Foto (S. 53, 54), Verlagsarchiv
Gestaltung: Mareike Bardenhagen/Lehmstedt Verlag
Druck: druckhaus köthen GmbH & Co. KG, Köthen (Anhalt)

Umschlag:
1: Bauhausgebäude in Dessau
2: Flora-Tempel in den Wörlitzer Anlagen
3: Stadtansicht von Matthäus Merian, 1650
4: Das Stadtschloss um 1900
5: Treppenturm des Dessauer Schlosses
6: Moses-Mendelssohn-Plakette am Kantorhaus
7: Wappen von Dessau-Roßlau (links) und Oranienbaum-Wörlitz (rechts)

3. aktualisierte Auflage, 2020
ISBN 978-3-942473-60-6